UN ANGE DE PLUS AU CIEL.

DISCOURS

PRONONCÉ PAR M. L'ABBÉ CYPRIEN PERROSSIER,

CURÉ DES TOURRETTES,

au service de Quarantaine célébré pour

MARTIAL CLAVEL,

SON ÉLÈVE,

Le 16 Mars 1876.

(Se vend au profit de l'Eglise des Tourrettes.)

BAR-LE-DUC,

TYPOGRAPHIE DES CÉLESTINS.

1876.

UN ANGE DE PLUS AU CIEL.

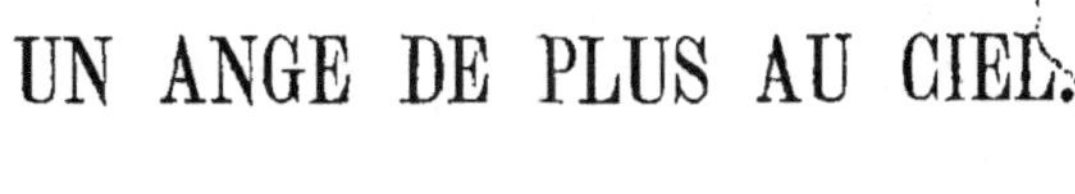

DISCOURS

PRONONCÉ PAR M. L'ABBÉ CYPRIEN PERROSSIER,

CURÉ DES TOURRETTES,

au service de Quarantaine célébré pour

MARTIAL CLAVEL,

SON ÉLÈVE,

Le 16 Mars 1876.

(Se vend au profit de l'Eglise des Tourrettes.)

BAR-LE-DUC,

TYPOGRAPHIE DES CÉLESTINS.

—

1876.

Par décision en date du 14 avril 1876, Monseigneur l'Evêque de Valence a daigné accorder une indulgence de 40 jours à toutes les personnes qui baiseront le crucifix placé sur la tombe de Martial Clavel, dans le cimetière de la paroisse des Tourrettes, après avoir fait quelque prière pour les défunts.

UN ANGE DE PLUS AU CIEL

Lorsque j'arrivai pour la première fois dans la paroisse qu'il a plû à la divine Providence de me confier, je fus accueilli à la sacristie par un jeune enfant qui se mit immédiatement en devoir de sortir des armoires le linge et les ornements, de préparer tout ce qui était nécessaire pour la célébration du saint sacrifice, de diriger les autres enfants de chœur, et de me donner à moi-même toutes les indications dont j'avais besoin. Je sus bientôt que cet aimable enfant était le fils aîné de M. l'instituteur de la paroisse, et qu'il avait nom Martial Clavel. Il se mit à ma disposition pour venir me servir la messe tous les jours. Dès lors, il s'attacha à mes pas et ne voulut plus me quitter ; il me servit de guide et d'introducteur dans toutes les maisons de la paroisse lors de ma première visite pastorale ; et quand, par la suite, il m'arrivait d'aller visiter l'école, il se levait, tout rayonnant de joie, pour venir à ma rencontre. S'il me voyait passer devant la maison dans un autre moment que celui de la classe, il sortait immédiatement pour m'engager à entrer, puis m'accompagnait jusqu'au presbytère.

Tant de prévenances de la part de cet enfant, et tant d'empressement auprès de ma personne me touchèrent profondément et firent naître en moi une vive affection pour lui. Bientôt, sur sa demande, je l'adoptai pour élève, et nos relations en devinrent encore plus intimes. Je m'attachai à lui comme s'il eût été mon propre enfant ; je le considérai comme un ange tutélaire envoyé vers moi, comme autrefois Raphaël à Tobie, pour me guider dans ma nouvelle voie et m'aider à m'orienter dans un pays inconnu. On pourra voir, par son petit éloge funèbre , combien j'avais raison de l'aimer et de lui donner toute ma confiance.

Martial avait montré de fort bonne heure une intelligence remarquable. Dès l'âge le plus tendre, il attirait l'attention de tout le monde, et chacun admirait sa précocité. Son père, alors instituteur communal à Pont-de-Barret, prit le plus grand soin de son éducation, qu'il dirigea d'après les principes du Télémaque. Il s'adonna tout entier à la culture de cette tendre plante, et en surveilla les développements successifs avec une sollicitude incessante, mais aussi avec un plein succès. La précocité de l'enfant fut véritablement prodigieuse. A vingt-deux mois, il connaissait toutes les lettres et savait les distinguer sur une affiche ; il prononçait déjà avec une facilité étonnante les mots les plus difficiles ; à trois ans, il lisait couramment. Une maladie que fit son père à cette époque arrêta des progrès aussi merveilleux ; l'enfant demeura stationnaire jusqu'à l'âge de six ans. Depuis lors, il suivit régulièrement l'école primaire, et, au bout de deux ans, il tenait tête aux élèves les mieux doués. Il était surtout d'une force à peine croyable pour l'orthographe et la ponctuation ; il eût facilement dès lors soutenu les épreuves les plus difficiles sur cette matière. A l'âge de neuf ans, il fut admis plutôt à titre d'amateur que comme élève, dans un bureau télégraphique, et il s'y rendit chaque jour assidûment, pendant près de deux mois, par manière de récréation, dans ses moments perdus. Il eut bien vite saisi la marche du mécanisme, et bientôt il put le faire fonctionner lui-même avec la plus parfaite précision, à la grande stupéfaction de l'employé chargé de le diriger.

Son père le préparait pour l'école de la Martinière, à Lyon. Avant de s'être arrêté à sa décision dernière, il eût volontiers embrassé la carrière de l'enseignement, mû surtout par un sentiment de piété filiale ; car il espérait par là se rendre utile à ses parents et pouvoir demeurer auprès d'eux. Mais son goût dominant était pour l'agriculture et pour tout ce qui se rattache aux travaux des champs. Le spectacle de la nature était plein de charmes pour son âme douce et sensible ; elle aimait à lire les grandeurs de Dieu dans ce beau livre de la création. Un observateur judicieux a dit avec beaucoup de raison que l'homme vertueux aime les fleurs ; ce cher enfant les aimait passionnément. Il se proposait au printemps de transformer le jardin du presbytère, et il avait recueilli à cet effet une certaine quantité de graines de fleurs pour y semer. Hélas ! elles ont servi à orner sa tombe.

Quoique né avec un amour presque démesuré pour l'amusement, il avait su si bien maîtriser cette inclination et dominer son caractère, qu'il ne recherchait plus le jeu, et n'y consacrait pas une minute du temps qui devait être destiné au travail. Il avait toute la maturité d'un jeune homme de vingt ans, moins la fougue du caractère. Sa conversation était des plus sérieuses, et semée de réflexions qui dénotaient chez lui un remarquable esprit d'observation, une intelligence élevée et parfaitement lucide, un jugement droit et sûr, et surtout une exquise délicatesse de sentiments et de pensées. A son raisonnement aussi bien qu'à sa taille avantageuse, svelte et bien proportionnée (elle atteignait 1 mètre 53 centimètres), on lui eût facilement donné quinze ans. Sa physionomie était des plus attrayantes ; on lisait l'intelligence dans ses yeux et on y voyait pour ainsi dire rayonner, comme à travers un cristal limpide, son âme tout entière, la plus belle âme d'enfant que j'aie jamais connue.

Il arrive très-ordinairement qu'une précocité si rare mûrit un jeune homme avant l'heure, et qu'il tombe pour ainsi dire dans sa fleur, épuisé par l'exubérance même de ses qualités ; devenant ainsi pour ses auteurs un sujet de larmes d'autant plus amères qu'il leur avait laissé concevoir les plus brillantes espérances. Plus d'une fois, le père de Martial avait laissé entrevoir la crainte que les jours de ce cher enfant, qui était pour lui un objet de si légitime orgueil, ne fussent prématurément tranchés. La mère, de son côté, était travaillée par un pressentiment semblable. La veille de Noël, lorsque toute la famille était réunie pour le repas traditionnel du soir, elle laissa échapper ces mélancoliques paroles :

« Nous sommes bien heureux, mes enfants, de nous trouver réunis tous ensemble aujourd'hui pour fêter l'Enfant Jésus. Qui sait si l'année prochaine nous y serons tous ? » — Alors le petit frère de Martial, charmant enfant de sept ans, se mit à dire : « Maman, si quelqu'un de nous doit mourir, il faut que ce soit moi ». Hélas ! ces tristes pressentiments d'une mère ne devaient pas tarder à se réaliser.

Un mois après, Martial faisait sa première communion avec la ferveur d'un ange. Pour compléter par une récompense depuis longtemps promise et admirablement méritée le bonheur qu'il avait éprouvé dans cette mémorable journée, je lui fis faire un petit *voyage de noces*, et l'emmenai avec moi à Saint-Donat. Nous allâmes de là voir son oncle, M. l'abbé B***, vicaire à B***. Pendant les quatre jours que dura notre voyage, Martial se montra gai et joyeux, et ne laissa rien paraître qui pût faire soupçonner la moindre altération dans sa santé; mais au retour, pendant le trajet de la gare à la maison paternelle, qui est d'environ quinze cents mètres, il se sentit tout abattu et se plaignit d'un grand mal au gosier. Pensant que ce n'était qu'une légère indisposition, causée par la fatigue du voyage, ou tout au plus l'effet d'un petit refroidissement, je recommandai à son père, en arrivant, de lui faire prendre du vin chaud et de le faire coucher bien chaudement; ce qui fut fait. Malgré cela, le lendemain il n'allait pas mieux. On le fit transpirer : sa situation ne fit que s'aggraver. Toutefois ce ne fut que le mercredi, c'est-à-dire cinq jours après, que l'on reconnut les symptômes bien caractérisés du croup. Un médecin fut alors immédiatement mandé ; mais tous les remèdes furent impuissants et le mal empirait chaque jour. Enfin le dimanche, 6 février, à trois heures du matin, il rendait sa belle âme à Dieu, quinze jours après sa première communion, à l'âge de douze ans et demi, plus huit jours. Martial était né à Pont-de-Barret, le 29 juillet 1863.

Les funérailles, qui eurent lieu le lendemain, furent des plus touchantes. Tous ses petits camarades qui avaient fait leur première communion avec lui, et qui avaient de nouveau communié pour lui le matin, l'accompagnèrent à sa dernière demeure, leur couronne sur la tête et un cierge à la main. Quatre d'entre eux le portèrent de l'église au cimetière, tandis qu'un cinquième portait devant le cortége la croix qui devait être plantée sur sa tombe. La paroisse tout entière était sur pied ; elle avait conscience de la perte qu'elle venait de faire. Des larmes coulèrent de bien des yeux pendant la cérémonie funèbre ; on se sentait plus porté à invoquer ce petit ange qu'à prier pour lui.

Pour moi, je ne pus m'empêcher de pleurer à chaudes larmes ce bien-aimé élève que le ciel venait de me ravir. Ce fut là tout le panégyrique que je pus en faire le jour de ses funérailles. Il pouvait avoir son éloquence, ou du moins sa signification ; mais ce témoignage muet de ma douleur n'exprimait pas assez les motifs de mon attachement pour lui et de la vénération profonde que je lui avais vouée. J'aurais voulu publier bien haut tout ce que je savais sur ce petit élu de Dieu, et révéler au grand jour les admirables voies de la Providence sur cette âme prédestinée. Le service funèbre du bout de mois m'offrait une excellente occasion de satisfaire un si légitime désir. J'avais pu, dans l'intervalle, après les premières et poignantes émotions occasionnées par un coup aussi cruel qu'inattendu, reporter avec plus de calme mes regards sur cette angélique figure et en étudier attentivement tous les traits. Je saisis donc avec empressement une circonstance aussi favorable pour faire connaître à mes paroissiens les beautés de cette âme dont ils n'avaient vu pour ainsi dire que la surface, persuadé que le spectacle de si rares vertus dans un âge si tendre ne pourrait être pour eux qu'un sujet de grande édification.

Ce petit éloge funèbre n'était point destiné à l'impression. Le père de notre petit ange, pénétré de respect et d'admiration pour sa mémoire, a tenu à le faire publier, afin de posséder un monument plus durable que la parole pour perpétuer dans sa famille le souvenir d'un enfant qui en sera à jamais l'honneur, et pour faire connaître à ses nombreux amis le coup douloureux qui vient de le frapper, par un document plus explicite qu'une simple lettre de faire part.

Les témoignages de sympathie les plus honorables arrivèrent de toutes parts aux parents désolés et à moi-même à l'occasion d'une perte aussi affligeante pour moi que pour eux. Parmi les nombreuses lettres de condoléance qui me furent personnellemeut adressées, je ne puis résister au plaisir de consigner ici la suivante, qui résume admirablement les sentiments que fait naître dans une âme chrétienne la bienheureuse fin de ce cher enfant. Elle a pour auteur M. l'abbé B***, compatriote de madame Clavel et ami de la famille. Je ne saurais mieux terminer cette petite notice que par les belles réflexions qu'elle renferme.

« La mort du petit Martial m'a vivement affecté. Je comprends la douleur de ses bons parents et de son digne curé. Ce n'est pas à la légion des prêtres, mais à la tribu angélique que Notre-Seigneur a voulu joindre votre cher petit disciple. Lorsque désormais vous chanterez en présence d'un chrétien qui aura terminé le grand voyage : *Subvenite, sancti Dei ; occurrite, angeli Domini*... Martial, j'aime à l'espérer, sera près de vous, non plus comme enfant de chœur, mais comme membre du céleste cortége que vous invoquerez.

« En attendant qu'il me soit permis d'aller déposer une fleur et une prière sur cette tombe aimée, laissez-moi prendre part à votre deuil, et redire pour me consoler, avec vous et avec ceux qui sentent le poids de l'exil : *Tuis fidelibus, Domine, vita mutatur, non tollitur.*

« Adieu, mon très-cher. Puisque la mort fait si souvent le vide autour de nous, soyons unis en Celui qui seul ne meurt pas, et qui s'appelle lui-même *Resurrectio et vita* ».

« A. B. »

Qu'il me soit permis, mes chers Frères, après avoir versé
des larmes bien brûlantes, et surtout bien légitimes, sur le
cercueil de mon élève bien-aimé, de venir aujourd'hui répandre quelques fleurs sur sa tombe, et rendre à sa mémoire un hommage public de ma vénération et un témoignage authentique de l'inviolable respect que je lui ai voué;
persuadé d'ailleurs que je ne serai en cela que l'interprète
fidèle, ou plutôt l'écho affaibli des sentiments qui animent la
nombreuse et sympathique assistance accourue pour honorer
son souvenir.

Dieu est admirable dans ses saints. Il en suscite à tout
instant dans les fertiles champs de son Eglise ; il les re-
cueille aux quatre coins de l'horizon, et il n'est aucune
région sous le ciel où il ne recrute des élus. Il en a une
variété infinie, de toute nuance, de tout degré, de toute
grandeur et de tout âge. Pendant que les uns, comme des
chênes puissants, étendant au loin leurs vigoureux rameaux,
projettent autour d'eux une ombre salutaire, d'autres,
semblables à de petits arbustes, poussent une tige délicate
qui plie sous le poids des fruits; d'autres enfin, et ceux-là
en plus grand nombre, sont comparables à d'humbles fleurs

qui ne durent qu'un jour, mais qui se succèdent sans interruption sur la terre pour orner ce jardin délicieux de l'Eglise, incomparablement plus beau que celui où l'homme fut placé à son origine, et dont il faisait lui-même le plus magnifique ornement aux jours de son innocence. Ces fleurs bénies, qui ont germé sous la rosée féconde de la grâce et qui s'épanouissent à la chaleur vivifiante du divin soleil de justice, reposent agréablement la vue fatiguée par la poussière de ce monde ; elles charment les regards par la variété et l'éclat de leurs couleurs, et répandent autour d'elles un parfum délicieux, qui suffirait à lui seul pour trahir leur présence et pour attirer sur leur modeste beauté les regards distraits du passant.

Parmi ces âmes d'élite que Dieu se plaît à montrer de temps en temps à la terre pour y donner une légère idée de la beauté du ciel, était sans contredit l'angélique enfant dont le souvenir nous réunit aujourd'hui au pied des saints autels, et qui faisait naguère la joie et l'édification de cette paroisse, les délices et la consolation de son pasteur. Martial était un ange de piété et de vertu, une véritable image de ce que doivent être les anges du bon Dieu dans le ciel. J'ai pu admirer de bien près la beauté de cette âme prédestinée, puisque par une faveur dont je ne cesserai de rendre grâces à Dieu, il m'a été donné d'en être le gardien et le tuteur et de diriger ses premiers pas dans les sentiers de la vie spirituelle. J'ai pu toucher du doigt l'action incessante de la grâce sur elle, et apprécier par moi-même les lumières et les bénédictions sans nombre dont l'Esprit de Dieu l'avait prévenue et favorisée. Ce cher enfant avait une sorte d'instinct pour les choses saintes ; il se portait avec un empressement admirable à tout ce qui pouvait le rapprocher de Dieu. Tout son bonheur était de servir dans les cérémonies sacrées ; il s'acquittait de ces saintes fonctions avec une grâce parfaite, avec un maintien respectueux et modeste qui dénotait la vivacité de sa foi. Rien de ce qui touchait au culte sacré ne lui était indifférent ou étranger ; il connaissait toutes les plus petites prescriptions des rubriques et les observait avec une ponctuelle fidélité. Il savait par cœur la plupart des chants d'Eglise, et prenait plaisir à les moduler, de sa voix fraîche et pure, même en dehors des offices, dans ses moments de loisir ou de récréation. C'était, en un mot, l'enfant de chœur modèle ; on eût cru voir un ange à l'autel. Il était, on peut le dire, le plus bel ornement de ce sanctuaire, d'où il a plu à Dieu de l'enlever pour en embellir ses parvis éternels.

Doué d'une mémoire heureuse, d'un jugement droit et sûr et d'une intelligence bien au-dessus de la moyenne, Martial primait de beaucoup tous ses petits camarades pour la récitation du catéchisme, et surtout pour l'intelligence de ce qui n'était pour la plupart d'entre eux que lettre morte. Il connaissait non-seulement la doctrine élémentaire du catéchisme, mais encore une foule de questions qui appartiennent à la théologie proprement dite, et que l'on ne trouve traitées que dans les auteurs mystiques et ascétiques. D'un caractère excessivement affectueux et aimable, il était plein de prévenances et de bonnes petites manières pour tout le monde, mais principalement pour ses petits camarades, qui le chérissaient tous comme un frère. Jamais on n'entendit sortir de sa bouche un mot déplacé, ni une parole contraire à la charité. Ses traits doux et modestes reflétaient une âme pleine de candeur et d'innocence ; on pouvait lire dans ses yeux la sérénité d'un cœur exempt de passions ; le calme d'une conscience toujours en paix avec elle-même se peignait dans la limpidité de son regard, comme on voit, dans un beau jour d'été, les ondes d'un lac tranquille réfléchir l'azur d'un ciel sans nuages. Sa figure toujours souriante rappelait involontairement cette parole de nos Saints Livres : « Une âme en paix est comme un festin continuel (1) ». On se sentait attiré vers cet aimable enfant par les charmes et les agréments répandus sur toute sa personne, et que rehaussaient encore les plus heureuses inclinations au bien, les plus précieuses dispositions à la vertu. C'était en un mot un enfant accompli, réunissant en lui tous les dons de la nature et de la grâce, toutes les qualités du cœur et de l'esprit.

D'aussi excellentes dispositions faisaient pressentir une

(1) Secura mens quasi juge convivium. (PROV., XV, 15.)

vocation supérieure, qui ne tarda pas à se manifester. Une aussi belle âme, en effet, n'était point faite pour rester au milieu de la poussière du monde, exposée à la boue du siècle. Aussi j'étais à peine depuis trois mois dans cette paroisse, que Martial me demandait que je voulusse bien le prendre pour élève, me disant qu'il désirait devenir prêtre un jour. J'accédai d'autant plus volontiers à cette proposition, que j'étais convaincu tout le premier que la place de cet enfant était dans le sanctuaire, parmi les lévites du Seigneur. Mais là ne se bornait pas son ambition ; la vie d'abnégation et de sacrifice du prêtre ne suffisait pas à apaiser sa faim et sa soif de justice et de perfection ; il se proposait d'aller rejoindre ces anges de la terre qui habitent les monastères et les cloîtres. Dans un moment d'épanchement intime, en faisant ses petites confidences à son frère, il lui dit un jour qu'il voulait aller à la Trappe pour assurer son salut éternel ; et il m'a répété à moi-même la même chose plusieurs fois. C'était chez lui un projet sérieux et une résolution bien arrêtée ; et à coup sûr, rien de ma part n'avait été de nature à la faire naître, ni à lui inspirer une pareille pensée. Lui ayant demandé un jour comment cette idée lui était venue, il me répondit que c'était depuis qu'il m'avait entendu dire dans un prône : « S'il est dur de vivre à la Trappe, il est bien doux d'y mourir ». — Dieu qui lit dans le plus intime du cœur, et qui tient compte à ses enfants de la générosité de leurs intentions, lors même qu'ils ne peuvent arriver à les exécuter, prévoyant peut-être des difficultés à la réalisation d'une vocation aussi sublime, s'est contenté de la bonne volonté de ce petit ange, et lui a accordé la douce mort du trappiste sans lui en laisser supporter les austérités.

Mais, que dis-je? Déjà ce vertueux enfant s'exerçait à toutes les pratiques de la vie religieuse, de telle sorte que Dieu a pu couronner en lui non pas seulement de bonnes intentions, mais aussi de saintes actions. Ses parents s'aperçurent un jour qu'il jeûnait ; il lui était d'autant plus facile de le faire en cachette, que partant de la maison paternelle à une heure matinale et apportant avec lui ses petites provisions pour la journée, il laissait croire à sa mère qu'il dé-

jeûnait après avoir assisté à la sainte messe, et à moi qu'il
avait déjà pris sa petite réfection avant de venir. Cela durait
depuis plusieurs jours, lorsque la fatigue le trahit et l'obligea,
dans l'intérêt de ses études et sur l'ordre formel de ses parents, de renoncer à une pratique de mortification vraiment
héroïque pour son âge, et à laquelle tant d'autres cherchent
à se soustraire, sous prétexte de ne pas compromettre leur
santé, lorsqu'ils y seraient obligés par les lois de l'Eglise.
D'une piété tendre et affectueuse, d'une foi vive et éclairée
bien au-delà de ce que l'on trouve ordinairement dans
les enfants de cet âge, il ne se retirait jamais le soir sans
aller faire une visite au Saint-Sacrement et une prière à la
sainte Vierge. Pendant le trajet de plus d'un kilomètre
qui sépare la maison paternelle du presbytère, tant à l'aller
qu'au retour, il égrenait son chapelet, et il le récitait encore à haute voix avec son petit frère, lorsqu'ils étaient cou-
chés ensemble, jusqu'à ce qu'il s'endormît.

Doué d'un cœur excellent et animé des sentiments les
plus généreux, il était porté comme par une pente irrésis-
tible à la bienfaisance et au dévouement. Il ne pouvait supporter la vue d'une misère ; il se serait dépouillé tout entier
pour subvenir aux besoins des pauvres. Il ne calculait pas
lorsqu'il s'agissait de secourir le prochain ou de procurer la
gloire du bon Dieu. Quoique doué d'un remarquable esprit
d'ordre et d'économie, il n'hésitait pas à donner pour des
bonnes œuvres les petites étrennes qu'il avait pu recevoir ou les
quelques petits sous qu'il avait gagnés en remplissant ses modestes fonctions d'enfant de chœur. Ayant reçu un jour une cir-
culaire contenant un appel à tous les enfants de France pour
l'érection d'un sanctuaire en l'honneur des saints Anges, par
un prêtre qui voulait faire bâtir son église par les mains des
anges de la terre : « Tenez, Martial », lui dis-je, « voilà qui
s'adresse à vous ». Et aussitôt le généreux enfant me remit
une pièce de vingt sous. Toutefois, depuis quelque temps il
épargnait son petit pécule, afin de pouvoir faire un voyage à
la Trappe aux vacances de Pâques. Il lui tardait de voir le
saint asile où il voulait aller consacrer ses jours au service
de Dieu.

En présence d'une perfection si précoce, j'admirais les

merveilleux effets de la grâce, qui peut produire dans un âge si tendre les fruits de la sainteté la plus consommée. Je considérais ce cher enfant comme un précieux dépôt confié entre mes mains par la Providence, comme un fonds riche et fertile que le divin Distributeur des talents m'avait donné à cultiver et à faire valoir. Sa généreuse ardeur au service de Dieu me couvrait de confusion, parce qu'elle était un perpétuel reproche à ma lâcheté ; moi qui aurais dû lui montrer le chemin et marcher devant lui dans les sentiers du ciel, je me voyais devancé dans les voies de la perfection et laissé par lui bien en arrière pour l'intelligence et la pratique des secrets de la vie spirituelle. Pour la science qui prime toutes les autres, celle de Dieu et du salut, les rôles étaient intervertis : l'élève était devenu le maître, et celui qui portait extérieurement ce titre aurait eu beaucoup à apprendre à l'école de son disciple. Aussi ne pouvais-je m'empêcher d'un sentiment de profond respect pour cet enfant ; c'était de ma part plus que de l'estime et de l'amitié : c'était de la vénération. Je le considérais comme une sauvegarde infaillible pour ma personne ; sa seule présence me rassurait et m'encourageait. Quand je le voyais travaillant auprès de moi, je croyais voir un ange à mes côtés, et il me semblait que la justice de Dieu ne pouvait plus m'atteindre ni me frapper tant que je me sentais couvert et protégé par son innocence.

Martial avait fait, dans ses études de latin, des progrès rapides qui laissaient concevoir à son sujet les plus belles espérances, et faisaient augurer pour l'avenir un prêtre accompli, ou un religieux orné à la fois des vertus d'un saint Benoît et de la doctrine d'un saint Bernard. Tout annonçait en cet enfant un sujet de la plus grande valeur. Au bout de huit mois, il était parvenu à la hauteur de la cinquième, et déjà il commençait à comprendre quelques-unes des belles prières de la liturgie catholique. Il était heureux lorsqu'il avait pu saisir le sens d'une hymne ou d'une oraison, et quelquefois il me disait avec une naïve fierté : « Aujourd'hui, Monsieur, vous avez dit une messe qui n'était pas difficile ; je l'ai presque toute comprise ». Au point de vue de l'application et de la conduite, c'était un autre Berchmans ; il offrait l'idéal de l'écolier parfait. Sa belle vie serait à ajouter au recueil de celles des Ecoliers vertueux. Je n'hésite pas à la proposer pour modèle aux jeunes gens de son âge, et en particulier à tous les enfants de cette paroisse, au milieu desquels elle a laissé un si précieux parfum d'édification.

Mais il a été dit que la perfection n'est pas de ce monde. Cet axiome de la sagesse des nations est rarement faux ; et lorsqu'on voit une créature humaine y atteindre de si près, surtout dans un âge si tendre, on peut bien dire, sans crainte de se tromper, qu'elle est mûre pour le ciel et que la terre n'en jouira pas longtemps. C'était le cas de Martial. Je ne lui connaissais aucun défaut tant soit peu sérieux. Aussi le Seigneur, qui l'avait prévenu de tant de grâces et enrichi de ses dons les plus précieux, après l'avoir ainsi orné de toutes les manières, devint jaloux de sa beauté et jugea qu'elle ne déparerait pas les splendeurs de son séjour éternel. Et comme, par une fatale nécessité de notre condition déchue, il est inévitable, comme s'exprime saint Léon, que même les cœurs des hommes religieux ne soient souillés de la poussière du monde (1), de peur que l'éclat de cette belle âme n'en fût terni, ce Dieu si bon et si rempli de miséricorde, épris d'amour pour elle, s'est hâté de la soustraire à tout danger en la retirant du milieu des iniquités (2) et en l'enlevant à la terre pour en enrichir son beau ciel. Mais il voulait auparavant répandre à profusion sur cette âme bénie le lait et le miel de ses grâces, et mettre le comble à ses faveurs en lui communiquant les plus riches trésors de son divin Cœur. Il voulait mettre la dernière main à ce petit chef-d'œuvre de sa grâce, et l'embellir encore en ajoutant à tous les ornements dont son amour avait paré ce cher enfant, le plus précieux joyau dont il lui était possible de l'orner en ce monde ; il voulait, avant de le retirer à lui, lui donner comme un avant-goût de la béatitude céleste et ne pas lui laisser faire à jeûn le grand voyage de l'éternité. Il voulait, dis-je, empourprer de son sang les joues de ce petit ange et déposer sur ses lè-

____

(1) Necesse est de mundano pulvere etiam religiosa corda sordescere. S. LEONIS *sermo 4 de Quadrag.*)

(2) Placita erat Deo anima illius ; propter hoc properavit educere illum de medio iniquitatum. (SAP., IV, 14.)

vres cette manne céleste qui renferme en elle-même le résumé du paradis, ce nectar angélique qui enivre les élus dans le ciel, et qui n'est autre que sa propre substance, devenue par un miracle de son amour, le pain de l'homme voyageur.

Martial avait douze ans révolus, et il n'avait point encore goûté la douceur de ce pain céleste que le divin Pasteur des âmes a préparé pour ses enfants. Il soupirait avec ardeur après le jour où il lui serait enfin donné de s'asseoir au banquet eucharistique et de recevoir son Dieu pour la première fois. Ce beau jour arriva enfin. C'était le 23 janvier, jour où l'Eglise honore le mariage de la très-sainte Vierge avec saint Joseph, et qui me rappelait un souvenir bien précieux à un autre titre : c'était à pareil jour de l'année précédente que j'avais été installé solennellement dans cette paroisse. Je n'avais pas cru pouvoir mieux célébrer cet heureux anniversaire qu'en introduisant pour la première fois à la table des anges les quelques enfants que j'avais trouvés en âge, et dont j'avais entrepris la préparation dès mon arrivée. Ce fut une belle fête pour toute la paroisse que celle de la première communion ; la paix du ciel semblait entrer dans les familles avec ces heureux enfants, qui apportaient avec eux la présence du divin Maître. Une retraite de trois jours les avait préparés d'une manière prochaine au grand acte qui allait retentir dans leur vie entière ; aussi tous apportèrent-ils au divin Hôte qui daignait les honorer de sa visite, une conscience bien pure, un âme bien blanche, un cœur bien rempli de foi, de reconnaissance et d'amour.

Mais entre tous ces heureux enfants, l'un d'eux se faisait surtout remarquer par son recueillement et sa ferveur. C'était Martial. Nous n'étonnerons personne en disant qu'il remporta le prix de catéchisme au petit examen qui précéda l'admission définitive à la première communion ; il lui fut adjugé par le suffrage unanime de ses camarades, confirmé par le jugement du Révérend Père prédicateur qui présidait la petite séance (1). Prévoyant bien que ce serait

(1) Le R. P. Prévoteau, religieux mariste de la maison de Saint-Marcel-lès-Sauzet.

lui qui le gagnerait, j'avais fait venir un volume récemment paru, dont l'annonce avait attiré mon attention (1). C'est l'histoire de ce petit enfant qui fut proposé par Notre-Seigneur à ses disciples comme un modèle d'innocence, et qui devint plus tard l'un des plus grands apôtres de la Gaule : saint Martial, premier évêque de Limoges et patron de l'Aquitaine. Nul mieux que notre doux enfant ne mérita de porter un si beau nom ; il lui convenait à merveille, et toutes les fois que je jetais les yeux sur lui, je me rappelais involontairement cette parole que le divin Maître avait prononcée autrefois de son bienheureux patron, lorsqu'il était à son âge : « A moins que vous ne deveniez semblables à cet enfant, vous n'entrerez point dans le royaume des cieux ».

Le beau jour étant arrivé, Martial ne se possédait pas de bonheur ; il était si joyeux et si content que ses parents ne l'avaient jamais vu dans de tels transports. Il voulut que tous ses petits camarades qui avaient fait leur première communion avec lui, vinssent dîner chez lui. Il avait eu pour compagnon de rang Clovis P***, avec lequel il était déjà très-lié. « Je n'oublierai jamais Clovis, disait-il à son père, parce qu'il a été mon compagnon de première communion ». — Nous verrons tout à l'heure qu'il ne l'oublia pas en effet.

Le lendemain, après la messe d'action de grâces, à laquelle il fit de nouveau la sainte communion avec ses petits compagnons, Martial voulut se faire leur interprète auprès du vénérable religieux qui était venu leur prêcher le triduum préparatoire, et m'exprimer aussi à moi-même les sentiments de leur reconnaissance pour les quelques peines que m'avait coûtées leur préparation au grand acte qu'ils venaient d'accomplir. Je voudrais pouvoir reproduire ici le compliment si gracieux que lui avait dicté son bon cœur ; qu'il me suffise de dire que les sentiments de la foi et de la piété les plus vives s'y mêlaient aux accents de la reconnaissance et du bonheur. Je conserve parmi mes papiers les plus précieux cette pièce, qui aura désormais une insigne valeur à mes yeux.

Eprouvant le besoin de prendre quelques jours de repos

______

(1) *Le bâton perdu* par Jean Loyseau. Paris, Dillet, 1 vol. in-12. (Voir un compte rendu de cet ouvrage dans l'*Univers* du 17 décembre 1875).

après les fatigues et les sollicitudes que m'avait causées la préparation de ces enfants, j'allai passer le reste de la semaine dans ma famille, et j'emmenai avec moi mon bien-aimé disciple, pour le récompenser des précieuses consolations et des satisfactions sans nombre dont il m'avait comblé. Notre voyage s'effectua de la manière la plus heureuse ; Martial fut content et joyeux pendant tout le temps qu'il dura, et au retour, il déclara à ses parents qu'il n'aurait pas voulu pour tout au monde ne l'avoir pas fait, tant il était satisfait de tout ce qu'il avait vu.

Mais pourquoi faut-il que la tristesse suive de si près nos joies les plus pures et les plus légitimes, et que des jours de deuil et de larmes succèdent presque sans intervalle à des jours de bonheur et de fête ? *Extrema gaudii luctus occupat,* dit un proverbe latin ; nous avons vu ce vieil adage se vérifier avec une cruelle exactitude sur notre bien-aimé Martial. A peine était-il rentré au foyer paternel, qu'une terrible maladie est venue le saisir, et le ravir en quelques jours à l'amour de ses parents et à la tendre affection de son maître.

Les derniers moments de ce cher enfant ont été on ne peut plus édifiants. Dès les premiers jours de sa maladie et avant qu'il y eût encore aucune apparence de danger, il me demanda lui-même à se confesser ; et lorsque, un peu plus tard, je l'engageai à se disposer à la réception des derniers sacrements, il accueillit avec bonheur cette proposition, qui en effraie tant d'autres. Il m'avoua que la mort ne lui causait aucune peine ; à vrai dire, le pauvre enfant ne la vit pas venir ; car il conserva jusqu'à la fin la plénitude de sa connaissance, et presque de ses forces, sans se douter de la gravité de son mal. Il priait avec la ferveur d'un ange pendant que je lui faisais les onctions saintes. Il aurait bien voulu faire la sainte communion avec ses petits camarades le jour de la fête de la Purification de la Sainte Vierge ; mais, ne le pouvant, il s'unit à eux d'intention, disant qu'il viendrait la faire à l'église le jour de la fête de saint Didier, qui était son patron secondaire ; car il s'appelait aussi Désiré (1). Il a plû à Dieu de réaliser ce vœu

(1) Saint Didier, archevêque de Vienne et martyr, est le patron de la paroisse des Tourrettes. Sa fête y attire chaque année, le 11 février et pendant toute l'octave, une grande affluence de pèlerins. Le nom de *Désiré* est la traduction

dans un autre sens et d'une manière bien plus parfaite que celle que se proposait le pieux enfant, en le mettant en possession de sa divine substance, non plus cachée sous les voiles eucharistiques, mais se découvrant à ses yeux dans les splendeurs de la gloire éternelle ; et en lui faisant célébrer auprès de son saint protecteur la belle fête du 11 février, plus solennelle sans doute dans le ciel que dans la paroisse qui honore le bienheureux martyr pour son patron.

Au milieu de ses plus terribles souffrances, il ne cessa de montrer une admirable résignation ; on ne l'entendit jamais proférer une plainte. Il avalait d'un trait, et sans opposer la moindre résistance, les médecines les plus amères et les plus répugnantes. Toujours rempli de délicatesse et d'attention, il ne voulait pas que son petit frère, qu'il aimait tendrement, s'approchât de lui, de peur de lui communiquer son mal ; il engageait même ses parents à ne pas se tenir auprès de lui, crainte de la contagion. Quelques instants avant de mourir, il demanda ce que faisait son frère ; on lui répondit qu'il dormait. « Ah ! il est bienheureux, lui, de ne pas souffrir », dit-il. Sans doute il eût désiré voir son cher petit Edmond, qu'il aimait tant, et l'embrasser encore une fois avant de le quitter pour toujours. Peu après, il voulut se lever, afin que l'on pût faire son lit. On l'enveloppa de couvertures bien chaudes et on le descendit dans une pièce du rez-de-chaussée, où quelques hommes avaient passé la nuit pour le veiller. Il était environ deux heures et demie du matin. Quand on l'eut placé dans un fauteuil auprès du feu, il exprima son contentement de se trouver si bien auprès de ce bon feu, et déclara qu'il voulait passer là le reste de la nuit ; mais à peine un quart d'heure se fut-il écoulé, qu'il demanda qu'on le reportât dans son lit. Pendant qu'on le remontait, il dit au père de son petit camarade Clovis, qui était l'un des porteurs : « Que fait votre Clovis ? » — Il eut encore la force de monter lui-même dans son lit ; mais à peine y fut-il étendu, qu'il s'éteignit doucement, sans aucune agonie, sans la moindre convulsion, pendant que sa mère était encore oc-

littérale de celui de saint Didier, corruption de *Desiderius*, mot qui, en latin, n'a pas d'autre signification. Saint Didier est aussi appelé saint Désir, saint Désirat, saint Dizier, etc.

cupée à arranger ses couvertures. Il exprima alors un sourire si doux et si plein de suavité, qu'on eût dit qu'il était favorisé d'une vision céleste. Ah ! sans doute, comme saint Etienne, ce beau jeune homme rempli de l'Esprit-Saint, dont nos saints Livres nous racontent la précieuse mort, ce bienheureux enfant voyait les cieux s'ouvrir devant lui, et son doux Sauveur l'inviter à venir, comme autrefois l'Apôtre bien-aimé, se reposer sur son divin Cœur.

Saisie d'admiration, mais en même temps en proie à la plus vive émotion, pendant quelques minutes, la pauvre mère n'osa point le toucher ni faire aucun mouvement, de peur de briser une si douce extase ; mais il lui fallut bien reconnaître la triste réalité, et constater que son ange bien-aimé avait pris son essor vers le ciel. Sa dernière parole avait été ainsi pour son ami Clovis, qu'il avait promis de ne jamais oublier.

Cette nuit-là même, la terre se recouvrit d'un blanc manteau de neige, comme pour se parer d'un ornement en harmonie avec l'innocence de celui que le ciel venait de lui ravir, et qui allait comparaître devant Dieu encore revêtu de la robe blanche de son baptême.

La mort, qui flétrit tout ce qu'elle touche de sa main livide, respecta le corps de cet angélique enfant, ce corps, instrument des plus belles vertus, sanctuaire béni d'une âme prédestinée, temple de l'Esprit-Saint que le démon ne viola jamais. Ses traits si doux n'avaient rien perdu de leur régularité et de leur sérénité ; à part une plus grande pâleur, on n'y remarquait pas la moindre altération. Son front était ceint de la couronne encore toute fraîche de sa première communion ; il tenait dans ses mains l'image de son Sauveur crucifié, et son bien-aimé chapelet qu'il avait si souvent roulé dans ses doigts en bénissant sa bonne Mère du ciel. On ne pouvait se lasser de le contempler ; on croyait voir errer sur ses lèvres encore un sourire, et sur tout son visage, je ne sais quel reflet de joie céleste. On eût dit qu'il dormait. C'était bien là le sommeil du juste, ce sommeil dont parlait le divin Maître lorsqu'il disait : « Notre ami Lazare dort (1) ».

(1) Lazarus, amicus noster, dormit. (JOAN., XI, 15.)

Ainsi mourut ce bienheureux enfant, encore tout imprégné des grâces dont son âme avait été inondée et embaumée lorsque son doux Jésus vint à lui pour la première fois. Il s'endormit pour ainsi dire dans le baiser du Seigneur, pour se réveiller dans les splendeurs de l'éternité. Quelle douce mort ! quelle heureuse fin ! Nul doute que notre divin Sauveur, qui avait reçu de lui quinze jours auparavant un accueil si affectueux et si empressé, ne lui rende maintenant au centuple dans le ciel la bonne petite hospitalité qu'il lui avait offerte dans son cœur au jour béni de sa première communion.

O bien-aimé Martial, quel heureux sort est le vôtre ! Combien il est digne d'envie ! Vous quittez ce monde avant d'en avoir connu la malice, et sans avoir été souillé de sa fange. Dieu vous retire à lui dans toute la fraîcheur de votre innocence, avant que les vents brûlants des passions n'en eussent flétri la fleur si délicate ; il vous fait passer presque sans transition et comme de plain-pied du festin angélique qu'il vous avait préparé sur la terre au banquet éternel où il convie tous ses élus. «Bienheureux», nous dit l'Esprit-Saint, « ceux qui sont appelés au festin des noces de l'Agneau (1)». Vous venez vous asseoir à ce céleste festin revêtu d'une robe nuptiale éclatante de blancheur, le cœur tout rempli de Celui qui s'appelle lui-même la résurrection et la vie, les lèvres encore teintes de son sang adorable. Ah ! vous avez bien des motifs de bénir votre doux Sauveur, qui a daigné vous honorer de tant d'amitié, qui vous a comblé de tant de caresses et de tant de privautés, qui vous a distingué entre tous vos camarades pour faire de vous véritablement un vase d'élection. Oui, petit gâté de Jésus, vous pouvez bien maintenant l'aimer d'un amour aussi ardent que les anges, puisqu'il vous a traité comme l'un d'eux ; vous pouvez bien entonner avec eux l'hymne de la reconnaissance et du triomphe pour le louer et le bénir à tout jamais ; et vous joignant à la troupe innocente des enfants de la terre qui se sont échappés de leurs liens avant d'avoir été souillés par son contact ou fascinés par ses séductions, jeter votre couronne aux pieds de l'Agneau

(1) Beati qui ad cœnam nuptiarum Agni vocati sunt. (APOC., XIX, 9.)

immolé pour le salut du monde en lui disant, comme eux :
« Vous m'avez recueilli, Seigneur, à cause de mon innocence,
et vous m'avez établi en votre présence pour toujours. *Me
autem propter innocentiam suscepisti, et confirmasti me in con-
spectu tuo in æternum* ».

Je ne vous verrai plus à mes côtés, aimable enfant, dans
ce sanctuaire, au milieu des fonctions saintes ; mais vous as-
sisterez, parmi les anges vos frères, aux magnifiques solenni-
tés du ciel, dont celles de la terre ne sont qu'une pâle figure.
Je n'entendrai plus votre douce voix remplir cette enceinte
des louanges de Dieu ; mais elle se mêlera désormais aux
chœurs mélodieux des musiciens célestes, qui chantent devant
le trône du Très-Haut l'éternel hosanna dont l'harmonie
fait tressaillir les cieux. Je ne jouirai plus de votre compa-
gnie visible qui m'était si précieuse ; mais je ne cesserai de
vous avoir présent devant les yeux de mon esprit, et de
m'entretenir avec vous par la pensée ; car votre doux souvenir ne s'effacera jamais de mon cœur, tant que j'aurai
un souffle de vie sur cette terre. Je bénirai Dieu toute ma
vie de m'avoir amené dans cette paroisse avant votre départ
pour l'éternité, et de m'avoir donné à contempler un aussi
beau spectacle que celui de votre âme. Vous m'avez honoré de
votre amitié, pendant que vous étiez auprès de moi sur la
terre, et vous m'avez protesté bien des fois que vous ne m'ou-
blieriez jamais, quelle que fût la distance qui dût nous séparer un jour. Je ne pensais pas alors que cette promesse dût
avoir jamais une signification si consolante et si précieuse
pour moi. Vous ne la rétracterez pas, bien-aimé Martial,
pour avoir mis entre vous et moi la distance de la terre au ciel. Et
déjà, j'ai pu m'apercevoir que vous pensez encore à votre
pauvre maître ; car vous m'avez fait éprouver en bien des
circonstances la puissance de votre crédit auprès de Dieu.
Continuez, aimable protecteur, à en user pour mon bien
spirituel, à prendre en main mes intérêts et ceux de cette
chère paroisse, et à pourvoir, comme vous l'avez fait jusqu'ici, à tous les besoins de mon âme. N'oubliez pas non
plus, tendre agneau, vos excellents parents que votre départ
a plongés dans la plus profonde tristesse. Venez vous-même
essuyer de votre douce main les larmes de votre mère, qui

n'ont cessé de couler depuis le jour où vous avez été ravi à sa tendresse ; priez pour votre bon père, afin que Dieu le soutienne dans le terrible sacrifice qu'il a exigé de son amour ; veillez sur votre petit frère, que vous aimiez tant, et soyez-lui un second ange gardien. Enfin, protégez tous vos petits camarades, qui étaient naguère les compagnons de votre bonheur, et que votre mort a si douloureusement consternés. Voyez-les aujourd'hui réunis devant vous, et vous faisant hommage de leurs couronnes comme à leur roi (1); car toujours ils vous ont reconnu pour leur maître, et maintenant plus que jamais. Vous avez été leur premier-né à la gloire céleste ; aidez-les à y parvenir, et que pas un d'eux ne vienne à manquer au rendez-vous éternel. Veillez aussi, avec cette tendre charité qui vous distinguait sur la terre, au salut éternel de tous vos compatriotes, mes bien-aimés paroissiens. Puissions-nous tous un jour devenir les citoyens de la patrie bienheureuse, et nous retrouver dans les splendeurs de la gloire céleste, pour ne plus nous séparer jamais et pour chanter tous ensemble, dans des transports d'allégresse, l'hymne du triomphe éternel ! Oui, c'est là notre intime espérance. Aidez-nous, cher Martial, à en obtenir la réalisation, et tendez-nous la main pour parvenir heureusement auprès de vous dans la cité des saints. Ah ! que le ciel doit être beau s'il n'est peuplé que d'élus comme vous !

Et maintenant, ange bien-aimé, reposez en paix dans le sein de Dieu, et souvenez-vous de moi, selon votre promesse, et de tous ceux que vous avez aimés sur la terre, jusqu'à ce que vous nous voyiez tous réunis à vos côtés dans l'heureux séjour du paradis.

Amen.

(1) Les petits garçons de la première communion assistaient au service funèbre leur couronne sur la tête et un cierge à la main, tout comme au jour des funérailles. Ils avaient fait le matin la sainte communion pour Martial.

Bar-le-Duc. — Typographie des Célestins. — Bertrand.

www.ingramcontent.com/pod-product-compliance
Lightning Source LLC
LaVergne TN
LVHW020501060726
842525LV00005B/1853